AF371493
DIESES BUCH GEHÖRT:

Golden Age Press

BESUCHEN SIE UNS ONLINE:
WWW.GOLDENAGEPRESS.COM

SCHAU BEI UNS VORBEI!

SPAREN SIE MIT DIESEM CODE 20% BEI IHREM

NÄCHSTEN EINKAUF AUF UNSERER WEBSITE:

DANKE20

WWW.GOLDENAGEPRESS.COM

Made in the USA
Monee, IL
07 July 2026